Grenouille de toi

Je me noie de mouille
Je mouille tes noix
Mes doigts sur ta quenouille
De soie, je mouille
De tant d'émoi.

5 septembre 2007

Les recettes Culicoquinaires de la Zibelyne

Edition : BoD™ - Books on Demand, 12/14 rond-point des Champs Elysées, 75008 Paris, France.
Imprimé par BoD™ - Books on Demand GmbH, Norderstedt, Allemagne.

ISBN : 9782322030231

Dépôt légal :Février 2013

LIMINAIRE

Un recueil de recettes à déguster en couple. Le sexe, sujet tabou ? Je m'attache ici à traiter du sujet avec humour et plaisir.

Un éveil des sens, nez en l'air, à humer les embruns. Laissez-vous transporter dans le petit monde des culicoquineries de la Zibelyne…

Un livre à offrir à tous les jeunes mariés, ainsi qu'à tous ceux qui ont, un instant, oublié les bonheurs de la coquinerie…

POUR UN APERITIF INTIME

Founette sautée aux olives

Ingrédients :

1 Founette
1 bouteille de champagne
Olives vertes et noires
De l'ardeur

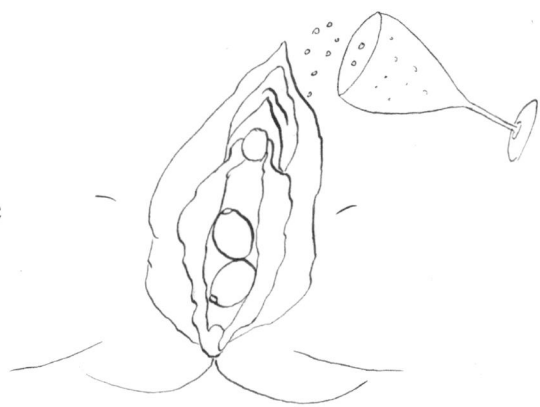

— Choisir une Founette bien fraîche, par expérience vous la choisirez bien mûre, elle sera plus douce

— L'oindre délicatement d'huile parfumée en insistant bien sur les petits plis

— Masser longuement pour l'attendrir

— Arroser d'une coupe de champagne bien frais pour raffermir les chairs

— Goûter longuement pour bien vous imprégner des saveurs

— Arroser à nouveau, laisser mariner quelques minutes le temps de l'échauffer

— Garnir d'olives vertes et noires et décorer de fenouil ou de persil selon goût

— Refermer l'écrin et laisser reposer le temps de savourer une coupe de champagne

— Ouvrir l'écrin et picorer lentement à la bouche, suavement, olive par olive tout en massant langoureusement la Founette

— Lorsque vous sentez la Founette bien ouverte, enfournez vigoureusement et arrosez de nectar

— Rafraîchissez au champagne et régalez vous des jus en roulant bien la langue pour harmoniser les goûts.

La recette peut être renouvelée à l'infini, il suffit d'un soupçon de créativité, d'un zeste de coquinerie…

22 mars 2007

Turlurette Oléronnaise

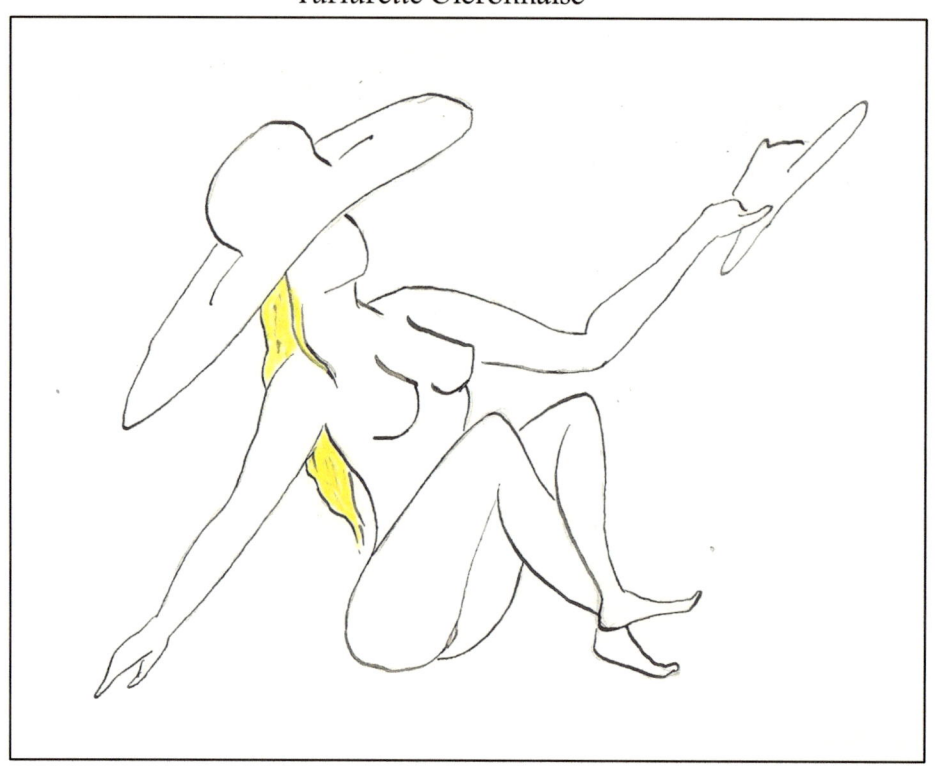

Turlurette Oléronnaise

— Empruntez les chemins de la forêt domaniale d'Oléron.

— Choisissez septembre pour les parfums d'automne aux muscs stimulants.

— Prenez un sentier en direction de la plage de la Gautrelle. Prenez soin de choisir un sentier non balisé pour avoir le loisir de vous perdre un peu. Vous éviterez aussi les inopportuns.

— Dressez le nez en l'air et laissez vous guider par l'air marin. Le sable fin prend possession du sentier boisé et la trouée qui se dessine annonce que vous êtes sur la bonne voie.

— Sur la plage, les fesses nues et des maillots de bain velûment balancés donnent le ton.

— Allongez-vous et contemplez les escagades de fesses en goguette. Les plus curieux peuvent s'aider de jumelles, mais les surprises peuvent s'avérer effrayantes.

— Le soleil darde ses rayons, il est plus de midi. Seuls les initiés restent, joueurs. La plage devient quasi déserte, car l'endroit choisi n'est pas accessible en voiture.

— Faites une séance de photo nue. Founette sablée et zouquette enchapeautée, tournez, retournez, faites la crêpe.

— Jouez chacun votre tour et courez vite vous jeter à l'eau pour calmer l'émoustille qui se dessine.

— Laissez vous fouetter par les vagues et jouissez du contact de l'eau sur votre corps nu.

— Un jeté de serviette, reprenez le chemin de sable qui s'enfonce dans le goulet rafraîchissant de la forêt de pines de pin.

— Votre sac est lourd de galets et coquillages glandés. Laissez-le choir.

Vous êtes seuls au monde sous le soleil qui vous regarde.

Déroulez la rabane ? Inutile, le sable est doux aux genoux et les sauterelles gamines vous chatouillent le croupion.

— À croupetons, plongez au cœur de l'étoile de mer et léchez l'iode à vous en faire frétiller les papilles.

— Redressez votre étoile et inclinez là en mode sucette sur votre sucre d'orge en lui chatouillant le berlingot.

— Ne la frottez pas sur les épines de pin, vous éviterez de la transformer en oursin !

— Lessivez-vous la rétine pendant la levée du drapeau et enfournez en titillant les flotteurs.

— Régalez Madame d'une fleur gorgée de jus iodé, mais ne dispensez pas tout.

— Agenouillez votre amuseuse et défrisez-lui le buisson.

— L'abricot bien moulé sur votre grosse corde, officiez valseuses au vent jusqu'à épanchement de la baratte avant que le battant de cloche en berne ne ressemble à une nouille trop cuite.

— Remballez fièrement l'attirail et fessez gentiment votre brouteuse de canon.

— Redressez-la avec élégance et complimentez-la d'un baiser.

Le chemin sableux vous paraîtra plus court à tous deux !

septembre 2010

Trousse binette

Recette de jardinier

Les petits jardins des bords du Cher recèlent d'inestimables trésors non enfouis.

Les jardinières !

En soirée les jardinières échappent à la chaleur de leurs fourneaux pour apporter aux petits jardiniers le miot frais des soirées d'été.

Tandis que la marmaille s'égaille, la jardinière s'attelle, lourde tâche, à l'arrachage des mauvaises herbes.

Il fait chaud. Les couches de tissu tombent tour à tour, dénudant les épaules et les hanches rondes.

La chair blondit au soleil. Les jupes collent et moulent les formes appétissantes. Le jardinier rôti redresse son outil.

La binette va et vient entre les mains calleuses. Le regard suit la courbe de la croupe dressée. La jupe remonte au gré des mouvements de la jardinière. La culotte blanche dessine un charmant triangle qui va s'agrandissant sous la houle.

D'un geste distrait la belle tire sa jupe et le regard du jardinier vole au-dessus du grillage vers l'onde croupillonante d'autres jupes virevoltantes.

Le jardinier bine avec ardeur. Le dos ployé, l'œil rivé aux fesses de la jardinière voisine il bine avec entrain. Les rosiers grimpants ploient sous le parfum capiteux des pétales de rouge sombre ourlés.

Les premiers tintements de verre annoncent l'heure. La chaleur du jour descend à mesure que la chaleur humaine monte.

Le vin rouge gouleyant miroite dans le verre blanc. Les croupes humides se parent de fils de sel par la sueur déposés. Les torses nus luisent de rutilantes gouttelettes. Les aisselles épicées rivalisent avec les roses, effluves mélangés…

C'est l'heure des échanges. Les paniers chargés de légumes prennent le chemin fleuri tracé bien droit entre les jardinets.

La voisine, divine, porte au jardinier les cerises juteuses du dessert. L'homme fleure bon les aisselles roussies d'une sueur épicée. Les verres se heurtent. Les chairs se frôlent. Le tronc du pommier accueille les coups de reins clandestins. La femme reprend son chemin sans un mot, pantelante. Il fait bon vivre, au jardin.

2 août 2011

Moule d'août aux embruns

— Sélectionnez une montreuse de moule bien achalandée.

— Choisissez un rocher en bord de mer, sur une pointe exposée à la houle.

— Nappez la bordure du rocher d'un tapis d'algues fraîches.

— Déshabillez la moule à cru.

— Dressez-la à croupetons sur les algues, dos à la mer.

— Dressez haut le joufflu en ouvrant bien la raie.

— Ouvrez délicatement le coquillage et dégagez le buisson herbu.

— Exposez la moule à la houle jusqu'à frissonnement.

Si le coquillage frise et se referme, glissez la moule au bord extrême du rocher. Le claquement de la vague va hydrater la moule rétive qui s'ouvrira largement.

Laissez la vague fouetter vigoureusement le joufflu jusqu'à coloration.

Au premier frémissement, cramponnez solidement la moule pour ne pas la perdre dans la vague.

Ça farte ? La moule bien rincée peut être dégustée sur le champ.

— Goûtez à petites lapées la saveur iodée des lèvres raidies et mordillez tendrement.

— Levez le sel de votre langue et chauffez la moule jusqu'au premier cri. — Mordillez plus fort.

— Au prolongement du cri, enfournez d'un coup sec.

21

— Restez sous la vague pour revigorer les roustons échauffés.

— Manœuvrez dos à la vague qui vous pousse, puis retirez la queue du Mickey.

— Laissez reposer quelques instants en libérant la moule échaudée à l'écume mousseuse.

— Plongez la langue dans le coquillage rafraîchi avant d'enfourner à nouveau.

— Attrapez fermement la moule, pieds bien fichés dans le sable.

— Tirez là vers vous et enfilez prestement.

— Cramponnez le joufflu et manœuvrez par petits coups sans discontinuer.

Pour corser le tout, laissez la vague inonder la moule durant l'enfournement pour stimuler les roustons et roidir l'anguille.

— Ouvragez finement au doigt l'étoile de mer après écartement du joufflu. Vous pouvez pratiquer de l'étoile de mer au coquillage, au gré de la montée en chauffe de la montreuse de moule.

Lorsque la cuisson est à point, arrosez copieusement de jus chaud la moule fraîche.

— Remuez bien pour homogénéiser l'appareil et fouettez du goupillon jusqu'à obtention d'une crème onctueuse.

— Goûtez maintenant la moule. Délicieusement fourrée, son goût subtilement parfumé d'embruns iodés est savoureux.

— Terminez en frictionnant la montreuse de moule. Enveloppez-la dans une serviette chauffée au soleil d'août.

— Vous pouvez renouveler la recette à l'automne si vous préférez des saveurs plus musquées.

30 septembre 2010

Le

Moule

À

Poulettes

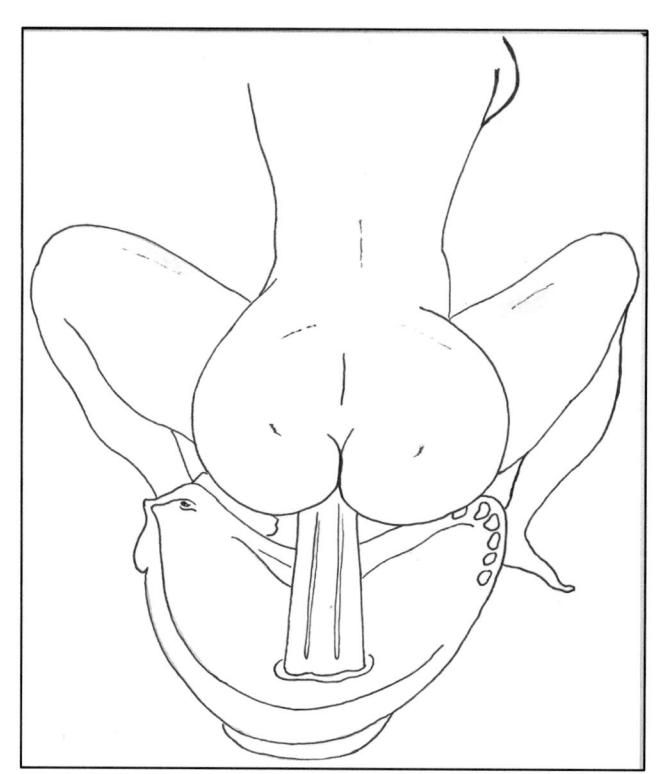

Moule à poulettes

Mode d'emploi du moule à poulettes

— Prenez une poulette bien ronde au cul pommé.

— Beurrez généreusement le moule à poulettes après l'avoir, selon goût, frotté de citron ou de tout autre ingrédient au parfum prononcé. La fraise est très appréciée.

— Pour une poulette plus savoureuse, vous pouvez utiliser plusieurs moules pour la fourrer de parfums différents. Utilisez de préférence des moules du plus petit au plus grand.

— Mettez la poulette dans son plus simple appareil.

— Parez là délicatement de quelques fleurs odorantes et massez longuement aux huiles essentielles de rose et de jasmin pour attendrir les chairs.

— Mettez la poulette en position sur le promontoire du moule, le croupion saillant.

— Ouvrez bien les cuisses pour la tenue en chauffe.

— Enfilez fermement la poulette sur le promontoire.

— N'oubliez pas de procéder du plus petit moule au plus grand afin que les chairs s'ouvrent naturellement. Il est impératif de ne pas abîmer votre poulette pour en conserver la saveur.

— Maniez de plus en plus vigoureusement en ajoutant du beurre frais si nécessaire.

— Montez en puissance jusqu'au dernier moule. Attrapez alors vigoureusement la poulette par les oreilles ou les tétons pour l'aider à exprimer ses jus.

— Enfournez au plus profond jusqu'à échauffement des parties intimes. Le cri de la poulette vous avertira quelle est à point.

Finissez d'un grand coup et recueillez les jus à l'éclat du cri de la poulette.

Dégustez à chaud jusqu'à épuisement du plat.

L'astuce du chef : *Trempez les moules à l'eau glacée avant assaisonnement pour saisir la viande et revigorer les chairs.*

5 décembre 2010

Les roustons du Capitaine Sardine

Recette bretonne estivale

Organisez un « barbecue party » entre amis campeurs.

— Dégotez sur le port un Capitaine sur le retour qui cherche un navire en partance.

— Affûtez ses sens en l'attirant au fumet du Chouchen.

— Imbibez le Capitaine de plusieurs rasades bien tassées. La chair va lentement se parfumer de miel.

— Conduisez le Capitaine bien fumé au terrain de camping.

— Finissez de l'aiguiser en l'entourant de jeunes poulettes bien corsetées.

— Arrosez l'ensemble de Chouchen sans retenue.

— Allumez le feu et faites roussir le Capitaine jusqu'à échauffement. Vous devez sentir son parfum se musquer rapidement.

— Dressez les sardines sur les braises incandescentes et procédez à l'ordination du Capitaine Sardine.

— Dégagez les roustons de son carcan culotté. Aérez d'un coup de soufflet et déglacez au Chouchen glacé. Si les roustons sont bien frais, ils doivent se recroqueviller instantanément.

— Laissez le Capitaine sur le coin du feu et retournez les sardines.

— Frottez vivement les roustons de vos mains sardinées pour attendrir les chairs. Faites gonfler la roustonnade et frottez au citron. La chair en sera plus raffinée.

— Dégustez les roustons parfumés. Leur subtil goût d'hydromel, de citron et de sardines peut être relevé, selon goût, de thym et de romarin, ou de beurre manié de sardine.

— Renouvelez l'opération au gré de l'appétit des convives, sans oublier d'arroser régulièrement le Capitaine de Chouchen.

— À épuisement des roustons, laissez reposer une nuit avant de renouveler la recette.

2 août 2011

Les bonbons du pèlerin

— Vous venez d'ouvrir une auberge sur la route de Saint-Jacques-de-Compostelle.

— Choisissez un endroit bien isolé pour goûter à la tranquillité bucolique de la campagne verdoyante.

L'endroit idéal sera en haut d'une colline pour que vos pèlerins soient bien fourbus. Ils ne manqueront pas de faire halte sous votre rafraîchissant patio.

— À chaque chambre, disposez des tuniques de pèlerin en lin. La tunique sera fendue sur les côtés pour plus d'aisance et plus court derrière que devant.

— Soyez accorte et avenante :

— Au balcon, avancez votre volumineuse poitrine.

— Au tison, fourbissez vos charmes et lustrez-vous la moumoute sans la couvrir.

— Si vous optez pour le Mont Chauve, oignez-le d'une huile parfumée pour une tendreté à cœur.

— Vêtissez-vous d'une jupe courte et volante et d'un bustier affriolants.

— Installez au bar du patio des sièges de bar en métal tressé à large maillage.

— Attirez les pèlerins en binant la bordure du chemin, jupette au vent.

— La moumoute lustrée ou le Mont Chauve parfumé attireront les convives tels des guêpes sur vos melons juteux.

— Priez vos hôtes de passer se délasser sous la douche et de revêtir la tenue qui sied à leur condition avant de descendre se rafraîchir la glotte au bar. Certains garderont la chambre, vous n'aurez rien perdu.

— Vos gentils pèlerins juchés sur leur siège, servez-leur un cocktail bien dosé pour échaufourrer leurs sens.

— À l'aide d'un miroir à main, vérifiez discrètement sous la tunique. Il y en a une ? Priez l'impur d'aller se mettre à l'aise.

— Au deuxième verre, chatouillez négligemment les bonbons qui dépassent sous les sièges. Le contact établi, faites monter la pression en pressant les bonbons endoloris.

— Agenouillée, soufflez sur les bonbons échauffés par la longue route et sucez les gourmandises offertes à votre concupiscence (et non con et cul pissant).

— Tendez votre joufflu aux regards de vos hôtes pour stimuler leur appétit et mettez les melons au balcon.

— Passez en revue l'étal et sucez les bonbons chauds et fondants en bouche.

— Recueillez le fruit de vos efforts et finissez la soirée minette en fête, en soubrette, en levrette, en galipettes !

— Votre examen de passage réussi, vous pourrez poser au fronton de votre auberge votre enseigne gagnée à la sueur de leurs pas, « Les bonbons du pèlerin ».

26 janvier 2011

Recette dédiée à Nadia et Charbel, les mariés du 14 mai 2011

Ingrédients d'un mariage heureux

— Un bel homme plein de talents aux bourses rondement remplies

— Une jeune femme pleine de charme et d'intelligence

— De l'humour vif-argent et de la tolérance (avec ou sans maison)

— De la joie dans les yeux et du rire sur les lèvres

— De la tendresse énamourée

— Des brassées de fleurs odorantes

— De la ferveur, de l'ardeur et de l'imagination

— De la complicité et de la confiance

— Des amis, la famille et des relations

— Mélangez tous les ingrédients en douceur. Brassez régulièrement pour faire affleurer le meilleur de la composition.

— Laissez reposer de temps en temps la préparation si le mélange fermente.

— Émulsionnez vigoureusement au fouet si la pâte a tendance à reposer trop longtemps.

— Aérez et mettez de la matière pour éviter que les ingrédients ne rancissent.

La préparation peut durer éternellement si on lui prête la plus grande attention.

Il est par contre opportun de fesser la mariée de temps en temps pour revigorer les chairs. L'inverse peut se produire selon goût, la gent masculine ayant toute latitude à bomber du fessu dans l'intimité de l'alcôve.

Si la mariée est grincheuse, un cadeau sera du meilleur effet sur son humeur.

Si le marié est grincheux, la gâterie s'impose. La sucelette sera appropriée en toutes circonstances.

La mariée est souffreteuse ? La perspective d'une nuit d'amour ne l'emplit pas de joie ? Contournez l'obstacle. Réservez une suite avec piscine, hammam et jacuzzi pour lui offrir des ébats langoureux dont vous aurez l'entier profit.

Le marié est malade ? Il ne bandille plus gaiement ? Offrez-lui le secours d'une bonne (et jeune) amie pour réveiller sa virilité endormie. Une partie de foufoune débridée le requinquera et vous attirera ses grâces. (Madame, débarrassez vous vite de l'importune qui pourrait vous prendre la place en lui offrant un billet aller simple vers une destination de rêve ou tout un chacun aura envie d'utiliser ses talents.

La mariée s'ennuie ? Évitez de lui offrir un amant, les femmes s'attachent. Offrez-lui un souffre-douleur : animal, nouvelle bonne moche, ou trouvez-lui un tout petit job ?

Le marié travaille trop ? Effrayez-le. Montrez-lui ses vilaines analyses, faites-lui comprendre que vous êtes trop seule, bref, qu'il cesse un peu il a bien assez d'argent pour deux, qu'il prenne le temps de le dépenser avec vous.

Mais en toute circonstance, restez, l'un et l'autre amoureux toujours, attentionnés et joyeux de vivre, et votre couple voguera au travers des embuches sans jamais voir ternir vos tendres sentiments.

Honneur à la Princesse Nadia et au Prince Charbel !

Que les grenouilles coassent en chœur
Que les marmottes bercent leur sommeil
Que les roses veloutées parfument leur couche
Que les blanches aigrettes éventent les heureux mariés
Que le bonheur soit.

Grenouille truffée sur potence au jus

Grenouille truffée sur potence au jus

Ingrédients :

— 1 grenouille géante du Mexique

— 1 truffe noire du Périgord

— Huile de pépins de raisin

— Jus de truffe

— 1 bicyclette

— 2 aquariums

— Choisissez une grenouille géante du Mexique ou engraissez une grenouille bien de chez nous.

— Installez l'animal dans un aquarium le temps de l'engraissement. Recouvrez d'une grille.

— Pendant ce temps, procurez-vous une bicyclette modèle réduit en métal.

— Travestissez la bicyclette en crapaud-buffle. Utilisez uniquement des comestibles pour la réalisation de l'appât.

— Détaillez des lamelles de truffe noire du Périgord pour figurer les veinures du crapaud-buffle en rut et appliquez-les sur votre création.

Articulez les pattes du crapaud sur les pédales de la bicyclette.

— Enlevez la selle et lubrifiez la potence à l'huile de pépins de raisin. Fixez une canule de caoutchouc de bonne longueur et emplissez de jus de truffe. Laissez en place.

— Articulez le corps du crapaud sur le porte-bagage en laissant de la souplesse.

— Installez le crapaud cycliste dans le deuxième aquarium jouxtant celui de la grenouille sans le fermer. L'arôme de la truffe va stimuler les sens de la grenouille. Laissez là mariner durant deux jours.

— Pendant ce temps, articulez régulièrement le crapaud factice, soit çà l'aide d'une ficelle, soit en le fixant sur un balancier perpétuel. (En ce cas, le délai de marinade peut être réduit d'une journée)

— Le temps écoulé, la grenouille est à point.

— Enlevez la canule, le jus de truffe a empli la potence. L'odeur du surplus répandu va éveiller l'animal.

— Ouvrez l'aquarium et laissez la grenouille se précipiter dans l'aquarium du crapaud-buffle.

— Fermez soigneusement. La grenouille tétanisée va se ruer et s'empaler sur la potence juteuse.

— Activez la bicyclette jusqu'à gonflement total de la grenouille.

— Lorsqu'elle est bien truffée, chatouillez-la jusqu'à expiration.

— Vous pouvez enfourner et servir sur bicyclette.

15 septembre 2010

Fricot de lièvre et de greluche au thym de Marseille

Ingrédients :

— 1 greluche mûre

— 1 lièvre

— Thym, romarin

— huile essentielle de sarriette

— 1 magazine

— 1 livre de Pagnol

— 1 carotte de printemps (1 botte pour les gourmands)

— Prenez une greluche bien mûre du côté du midi et confiez-lui un magazine de mode. La provenance de la greluche est d'importance pour ses saveurs ensoleillées. Assurez-vous qu'elle n'ait pas trop servi afin d'en conserver les parfums.

— Parez là court en laissant les jambonneaux à l'air.

— Étalez la greluche au soleil d'un pré à la tombée du soir.

— Choisissez une herbe drue en lisière de bosquets de thym et de romarin.

— Dépouillez l'entrejambe de la greluche de tout atour.

— Frottez les parties charnues de thym et de romarin et enduisez la fourrure d'huile essentielle de sarriette.

— Ouvrez l'ourlet intime du devant de la greluche et introduisez-y la carotte, fanes à l'extérieur.

— Pressez pour refermer la fente en laissant le toupet de fanes apparent.

— Laissez les jambonneaux entrouverts et éventez pour disperser l'odeur des herbes.

— Laissez mariner la greluche au soleil en étuve douce et observez.

— Au frémissement des bosquets, ne respirez plus.

— Laissez le lièvre approcher et endormez sa méfiance en lisant un livre de Pagnol. La greluche ne bougera pas, absorbée par la lecture de son magazine.

— Au bondissement du lièvre, la greluche va glapir. Laissez-faire. Le lièvre va fourrager entre les jambonneaux et brouter les fanes en chatouillant agréablement la greluche.

— Si la greluche couine trop fort, trouvez quelque chose pour lui occuper la bouche, car ses cris risquent de troubler le lièvre. N'ayez crainte, la greluche mûre a les dents émoussées.

— Lorsque le lièvre attrape la carotte, manœuvrez doucement la greluche d'avant en arrière.

— La carotte grignotée, le lièvre va fouir dans le terrier espérant en trouver une autre.

— Au glapissement de la greluche, attrapez les pattes du lièvre et maintenez-le, le temps de la communion des trois.

— Une fois l'affaire terminée, vous pouvez conserver la greluche pour la faim et passer le lièvre à la casserole*. Il sera parfumé à souhait.

* il est possible de faire l'inverse, selon affinités.

2 août 2011

Fricassée de roustignolles aux Bonnets de Satan

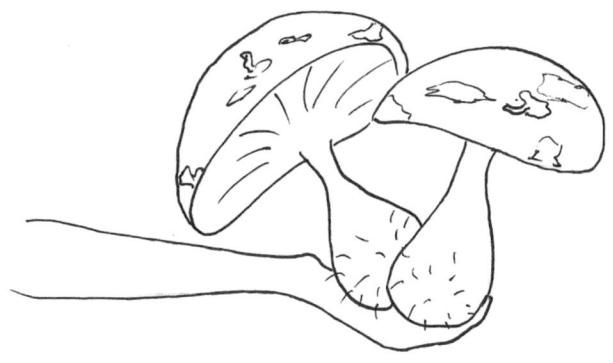

— Choisissez deux queues de cèpe bien fermes et jeunes, aux roustignolles rondes et lourdes.

— Frottez les queues de cèpe jusqu'à engorgement des roustignolles.

— Lorsque les queues sont gorgées de jus, roulez les chacune leur tour entre les bonnets de Satan en roulant bien les bonnets sur les queues.

— Pendant ce temps, soupesez de chaque main les roustignolles en attente.

— Papouillez sans attendre pour éviter le refroidissement tout en roulant des bonnets de Satan.

— Grignotez alternativement les roustignolles et les queues.

— Secouez énergiquement les queues pour en extirper le jus.

— Lorsqu'elles dégorgent, plongez-les au creux des bonnets de Satan

— Fricassez d'un tour de main les roustignolles pour bien vider les queues.

— Refermez les bonnets pour exprimer les dernières gouttes de jus et retirez les queues.

— Laissez reposer et absorbez l'excédent de jus de roustignolles avec du papier absorbant.

5 décembre 2010

Cornette sylvestre

Recette automnale

La cornette, espèce en voie de disparition, se ramasse en sous-bois au petit matin humide. Une souche ou un tapis de mousse peuvent favoriser la culture de la cornette.

— Sélectionnez dans le guide des Pétards une région propice à la cueillette des cornettes. La proximité d'une abbaye, d'un cloître ou d'un couvent sera de bon augure pour la réussite de cette recette.

— Rendez-vous à l'aube au lieu choisi et assurez-vous d'un endroit confortable pour patienter. Cueillez quelques champignons en offrande.

Le bruit des cornettes marchant sur le feuillage vous éveillera. La cornette ne se déplace jamais seule, mais s'égaille vite en regardant le sol.

— Choisissez votre cornette. Vous en trouverez de la plate, de la dodue, de la forte ou de la rassie, mais rarement de la fraîche. L'espèce connaît peu de renouvellement.

— Attendez que la cornette pique du nez vers le sol. Vous aurez un meilleur aperçu du popotin convoité de la cornette.

— Glissez-vous subrepticement derrière la cornette sans craindre qu'elle ne bouge. La cornette sait que vous participez à la sauvegarde des espèces en voie de disparition.

— Attrapez le postérieur de la cornette et relevez la bure sans contempler la hure. La cornette perd toute saveur si elle se relève. Dégagez le fessu si nécessaire.

— Malaxez puissamment les charmes rosés. Le parfum de champignon émoustille la cornette. Plongez-lui le nez dans la mousse en l'agenouillant.

— Ficelez les mamelons de la cornette de vos mains pour la mettre en chauffe.

La cornette frémit rapidement. À ébullition, plongez votre goupillon dans sa burette humidifiée.

— Fouettez vigoureusement d'un « Je vous salue Marie ». Si la cornette est gironde, fouettez le fessu de coups de gourdin et enfournez à nouveau.

Ne laissez pas reposer la cornette. Chauffez à blanc et arrosez la burette de sauce blanche.

— Libérez délicatement les mamelons.

— Claquez vertement le fessu et rabattez la bure.

— Déposez votre récolte de champignons en offrande et reprenez votre chemin. La cornette ne se redresse pas sur le vif.

Le calme revenu, elle rejoindra ses congénères sans encombre.

Si la cornette est appétissante, vous pouvez tenter en préliminaire un goûter de mamelles ou une lichette baveuse. Assurez-vous toutefois de la fraîcheur de la mouillette avant de déguster.

2 août 2011

Jeunes mariés en Chaperon rouge

Comment bien passer sa nuit de noces un jour maudit ?
(Il s'agit déjà d'être en état de la passer)

— Prenez un grand bol de café avant de quitter subrepticement vos invités, allez, deux bols !
— Ébrouez-vous sous le robinet d'eau froide avant d'attaquer les choses sérieuses.
— Votre belle effarouchée se refuse, elle a ses…
— Ne vous désarmez pas. Vous, vous ne les avez pas ? Et vous avez déjà emprunté le pain sur la tournée…

— Faites la roue pour la faire rire et décorez sa bouche de rouge à lèvres.

— Madame (eh oui, vous êtes mariée !) commencez par déposer des baisers rouges sur tout son corps. Insistez sur ses petites fesses rondes et enserrez son vertigineux biniou de vos lèvres pulpeuses.

— Malaxez les rouleaux en ripolinant le candélabre et enfournez.

— Astiquez le vilebrequin et faites reluire à fond. À la craquée du goupillon, fricassez-vous du museau et glougloutez la giclée.

— Madame (eh oui vous avez faim) ne laissez pas votre Jules s'estourbir dans le sommeil. Claquez-lui les fesses et plongez-lui le nez dans vos ballottines en caressant ses ballustrines.

— Frottez votre corps sur le sien jusqu'à réchauffement de ses désirs.

— Monsieur (elle vous cherche) cravachez de la biroute en lui chatouillant le bouton et tentez une branlette espagnole.

— Elle aime ? Vous l'avez bien entétonnée et vous êtes équipé pour la pêche au gros ?

— À défaut de tarte aux poils, allez-vous-vous laisser tenter par son tafanar d'enfer ? En ce cas, n'oubliez pas la feuille de rose pour assouplir l'oignon.

Tirons un voile pudique. Ceci ne nous regarde pas.
Que la nuit soit douce au Chaperon rouge.

26 janvier 2011

Voir lexique page suivante.

Lexique de la recette

Emprunter le pain sur la tournée	Consommer avant le mariage
Ripoliner le candélabre	(Le) masturber
Fricasser du museau	S'embrasser
La craquée du goupillon	Éjaculation
Ballottines	Seins
Ballustrines	Testicules
Biroute	Sexe de l'homme
Bouton	Clitoris
Équipé pour la pêche au gros	Bien membré
Tarte aux poils	Sexe féminin
Tafanar	Cul
Feuille de rose	Anilinctus

Menu IPaginaire

Croque Madame

Pour ce hors-d'œuvre, nous choisirons un homme jeune et vigoureux et deux pouliches fraîches à la croupe avenante.

Mesdames :
— Préparez le jeune homme et mettez-le en tenue d'Adam.
— Fourbissez ses attributs et huilez son corps d'huile de genièvre et de thym.
— Stimulez les zones érogènes avec un mélange d'herbes aromatiques cueillies dans le jardin et de gingembre frais. Léchez le surplus en vérifiant l'assaisonnement.
— Enduisez le biniou d'huile et enfilez des rondelles de concombre et de tomates évidées sur la verge. Prenez soin d'acheter des légumes bio.
— Arrosez de crème maniée au Jack Daniel's.

Monsieur :

— Agenouillez les pouliches pour la dégustation et faites picorer jusqu'à mi-queue, en partageant de l'une à l'autre.

— Arrosez-vous la glotte d'un Jack Daniel's bien frappé, et arrosez le biniou pour épicer la dégustation.

— Dressez en levrette une pouliche au cul bien pommé et enfournez allègrement.

— Faites reluire la mouillette et chauffer la craquette.

— Dressez la deuxième pouliche et fourbissez sa minette d'un concombre bio non épluché. Allez et venez doucement pour ouvrir les lèvres chaudes et arrosez le Mont de Vénus de crème au whisky.

— Retirez le concombre et léchez la crème qui ruisselle. Lapez la minette et mordillez le bouton crémé.

— Rincez d'un Jack Daniel's.

— Vérifiez la mise sous pression de la première pouliche. Les rondelles pressées en jus ont parfumé vos bougnes et sa craquette.

— Démoulez et goûtez le chutney obtenu en stimulant le fessu de la belle tandis qu'elle goûte les bougnes.

Demandez à sa compagne de participer. Faites en sorte de vous retrouver au milieu pour être croqué de toute part par ces dames.

Mesdames :

— Finissez l'adepte du Jack d'une rasade en vous frottant langoureusement sur sa peau huilée.

— Retournez et faites reluire les deux faces de vos langues avides. Léchez tous les interstices et toutes les anfractuosités cachées.

— Mordillez ses petites fesses, titillez son nid d'amour et son gland de la pointe de votre langue dardée. S'il est bien chaud bouillant, usez du concombre pour lui faire découvrir son côté féminin.

— Servez-vous un Jack bien tassé.

Changez l'ordonnancement du Croque Madame et laissez vous tenter par le broute salade. Abandonnez le mâle à la contemplation de la dégustation, il adorera.

Monsieur :

Ne vous laissez pas faire. Pendant que vos pouliches se broutent le persil, malaxez les poitrines, excitez les mamelons et enfournez de l'une à l'autre en retournant.

— Embrochez celle du dessus en levrette.

— Faites revenir lestement les bougnes à l'envie de l'autre donzelle et terminez la recette d'une rasade de crème chaude.

— Arrosez copieusement le Croque Madame.de béchamel parfumée au whisky et laissez reposer les chairs pour attendrir la prochaine assiette.

Pas de vin pour ce plat, le Jack Daniel's suffit amplement.

20 mars 2012

Pot aux fesses

Choisissez deux beaux morceaux pour cet incontournable plat de résistance.

N'oubliez pas l'adage « C'est dans les vieux pots qu'on fait les bonnes soupes ».

Un rond de fesses persillé et entrelardé fera l'affaire. Une viande à maturité donnera un goût plus prononcé en bouche.
— Mitonnez les chairs en douceur.
— Malaxez le charnu du joufflu en profondeur pour attendrir, jusqu'à redressement de la carotte et du poireau.
— Lorsque la carotte commence à danser la Javanaise, vérifiez la température du poireau du chef.

— Chatouillez le poilu et faites vibrer les fanes de concert.

— Les légumes doivent rester fermes et croquants en bouche.

— Rafraîchissez les navets et frottez le rond de fesses d'ail et d'herbes aromatiques.

Il est possible de farcir l'oignon d'une gousse d'ail et d'un bouquet garni.

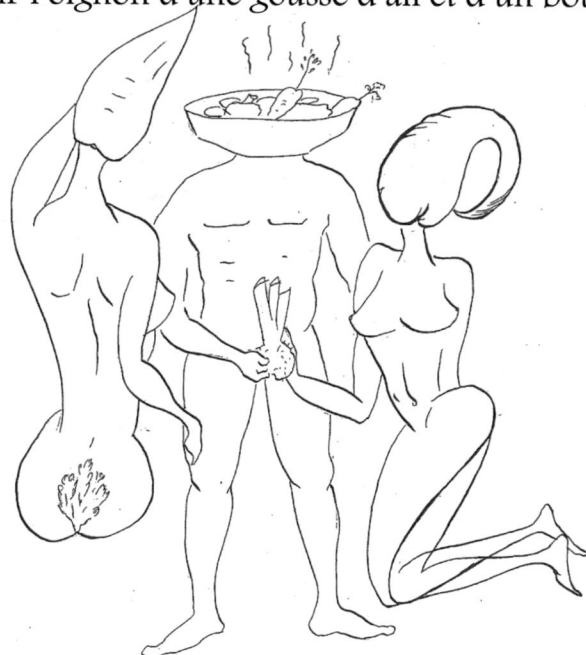

— Laissez mijoter le plat sans faire bouillir pour préserver l'onctuosité de la sauce. La substantifique moelle doit fondre sans perler.

— Aux premiers raidissements des navets, passez à l'attendrisseur et frottez de persil.

— Retirez la carotte et le poireau du pot aux fesses et goûtez-en la fermeté d'un croquant de dents.

— Aspirez la moelle en pressant fermement.

Je déconseillerais la moutarde pour cette recette. Les arômes naturels du pot aux fesses pourraient s'en trouver gâtés.

Accompagnez d'un Morgon Château Lapipe sur Miche

Gratin de bougnes sur dômes à la vanille

— Chauffez bien le fourneau et frottez vigoureusement les bougnes entre les mains pour faire monter les jus.

— Aux ridules du gonflement, dressez sur plateau et maintenez au chaud de votre haleine en soufflant doucement dessus. Elles doivent rester rouges et gonflées.

— Faites monter la chantilly en agitant vigoureusement le shaker.

— Pendant ce temps, faites vous frictionner les dômes de crème glacée vanillée en pinçant les tétons. Ils vont se dresser. Faites titiller jusqu'à raidissement des tétons.

— Déposez les bougnes brûlantes entre les dômes glacés pour raidir. Vérifiez la température du bout de la langue.

— Frictionnez l'annelé du shaker et agitez jusqu'à jaillissement de la chantilly. Arrosez les dômes glacés de crème tiède et décorez des bougnes rafraîchies.

— Prenez soin d'aspirer profondément l'annelé du shaker pour vider la crème/

Ce plat se déguste à deux. Si vous disposez de jeunes bougnes, vous pourrez resservir si vous êtes encore en appétit.

Servez en accompagnement un Vouvray moelleux sur Lit

20 mars 2012

L'armée des Zomb

Ils attendent, tapis, invisibles à l'ennemi. Canons dressés. Prêts à faire feu. Roupettes calées.

L'armée des Zomb ramollit sous la chaleur torride.

Les guerriers perlent des larmes rose-bonbon.

Un courant d'air fait redresser les têtes et durcit les fûts.

L'armée s'est ressaisie. Les guerriers à pied d'œuvre alignent leurs rangs.

La parade peut commencer.

Le colon passe les troupes en revue.

— Garde à vous ! Beugle le juteux.

Le gros bras a la tête vide, mais les biscouiltos rebondis.

Tout un programme… Il n'y a bien que les filles pour aimer ça, ces chattes mouillées qui ne pensent qu'à la chose …

— Garde à vous !

Les poilus bandent le torse fièrement et se grattent les roustons.

L'armée des Zomb a bien servi la Francouille. Grands, gros ou petits, peu importe ! Tous ont servi avec honneur.

Le colon passe dans les rangs.

— Rendons hommage à ces valeureux combattants qui ont donné leur corps pour la patrie !

— Zomb, zomb, zomb, couillera !

Le cri de ralliement de l'armée des Zomb résonne sous la frondaison.

— Zomb, Zomb, Zomb, couillera !

Les biffins s'ébranlent, en rang d'oignons. L'armée des Zomb est en marche.

Le maquis les attend. Dans la jungle épanouie, les Zomb traquent leurs proies…

Un amusement incongru, mais un con

grue vaut mieux qu'une simple grue,

tu l'auras !

Les Zomb ont été modelés par mes petites mains,

gag burcouillesque d'un goût tout à fait contestable,

j'en conviens, mais j'aime escagasser …

28 avril 2012

La Montagne Sans Nom

Il était une fois Cirella, une jeune dragonne fort aguichante. Elle s'était prise d'amour pour Gudule, un dragon de belle envergure qui nichait dans les contreforts de la Montagne sans nom.

L'endroit était fort lugubre. Les rats y pullulaient certes, et le rat est goûteux en dessert, mais peu osaient s'aventurer dans ces contrées arides.

Gudule s'y trouvait bien pourtant, fort de sa supériorité numérique, puisqu'il était le seul dragon à des kilomètres à la ronde.

C'est par une sombre soirée d'orage que Cirella échoua en ce lieu. Elle volait vers Gargollyia, bien décidée à rejoindre son but d'une traite.

Gargollyia était éloignée de cinq mille tirées d'ailes, une distance raisonnable pour une dragonne vigoureuse. Mais le mauvais temps avait décidé de s'en mêler.

Les écailles dégoulinantes, les ailes ruisselantes, le vol de Cirella était alourdi par les trombes d'eau tombées du ciel. Entre deux zébrures blanches, éclairant le plombé de l'ombre, elle avait eu le temps d'entrevoir un surplomb herbeux près de la falaise. Elle pourrait s'abriter sous la roche, le temps que la tempête cesse.

Un dragon peut souffler le vent, déchaîner les tempêtes, mais Cirella était encore trop jeune pour contrer seule les éléments déchaînés.

Elle descendait en piqué, cherchant à échapper aux tornades, quand soudain un tourbillon la plaque violemment au sol.

Dans sa hâte, elle avait sous-estimé la distance et oublié de tenir compte de l'aspiration du goulet rocheux.

Un craquement secoue la montagne. La dragonne vient de se ratatiner le museau sur la falaise, arrachant l'herbe rase. Ses ailes froissées sont déchirées, et son nez, son joli petit nez fumeux dont elle est si fière, saigne abondamment.

Elle n'a pas le temps de griffonner qu'elle sent sur elle un souffle brûlant.

Un dragon gigantesque se tient derrière elle, les naseaux brûlants malgré la pluie. Il bout littéralement, enveloppé d'un nuage de vapeur bleuté.

Ses yeux rouges lancent des éclairs sous les nuages bas. Elle a juste le temps de griffonner[1] d'un cri perçant, d'un cri de femme blessée qui lui sauvera la vie.

Surpris, Gudule ravale le souffle de feu qu'il crache en direction de la dragonne.

D'un hoquet, il se retrouve sur l'arrière-train, la gueule en feu et les écailles caudales en bataille.

La montagne tremble, les rochers s'ébranlent et roulent au flanc de la Montagne sans nom.

Une dragonne, ici, chez lui ? L'ermite n'en avait jamais rencontré. Il ne le désirait pas d'ailleurs.

Bon nombre de dragons avaient eu maille à partir avec ces hystériques qui ne vous lâchent plus et vous pondent des dizaines de petits dragons.

---

[1] De Griffon Cri du dragon (dictionnaire personnel)

Cirella est morte de peur. L'horizon est borné par ce ventre immense et ces pattes griffues qui lui défendent toute tentative d'échappatoire.

Sa truffe meurtrie la fait souffrir. Elle tente de replier ses ailes dans un effort surhumain[2], quand ses yeux se posent sur une excroissance reposant sur le sol.

Oh, voici donc ce dont sa mère, et sa grand-mère avant elles parlaient.

Cet appendice magique de création dont toute dragonne élevée comme il se doit a le devoir de faire conquête…

Cirella relève la tête vers le ciel.

La gueule de Gudule fume encore, mais, dans ses yeux, les éclairs se sont tus, remplacés par une lueur verte brillant autour de sa pupille rétrécie. Il est sur ses gardes, prêt à enfumer la demoiselle si elle fait mine de bouger.

Il ne sait trop ce qu'il doit faire d'elle. Il peut la tuer d'une chiquenaude, mais à quoi bon ? S'il la brûle, elle va empester l'air pendant au moins deux jours.

---

[2] Faute de mieux, ne connaissant pas l'équivalent, en langue dragon

S'il l'égorge, il va devoir transporter le cadavre au loin pour ne pas être dérangé par les charognards.

Non, elle doit repartir d'où elle vient.

D'un souffle rugissant, il chasse la pluie et les nuages vers d'autres contrées. Le bleu du ciel rit de se voir ainsi chatouillé. La voie est dégagée. L'herbe détrempée s'essore sous le soleil qui se démène à réchauffer la terre.

Gudule s'apprête à chasser l'inconnue, lorsqu'un souffle doux dans le bas de son ventre l'interpelle.

Cirella a profité de sa distraction pour approcher son mufle de son ventre, et son haleine chaude passe sur son intimité négligemment posée sur le sol.

Il faut dire qu'étant célibataire, il n'est pas besoin de se ranger les bougnes et le béligou[3].

Il se rend soudain compte de l'incongruité de la situation.

---

[3] Testicules et sexe masculin

Mais, cette douce chaleur est bien agréable, et, si son ventre l'empêche de voir, il sent bien ce gonflement incontrôlé qui lui titille le bas ventre.

Pas moyen de bouger sans lui mettre le béligou dans le museau. Gudule est bien embarrassé. À quoi bon être féroce et ombrageux, pour se retrouver coincé comme un dragonnet devant une femelle ?

Il esquisse un déhanché pour se reculer, mais la chute des pierres l'avertit du danger de la manœuvre. Maudit soit cet orage !

La dragonne a vite compris qu'elle ne risquait plus rien. N'écoutant que son courage, elle contemple la branche de corail qui grandit sous ses yeux.

C'est qu'il est joli ce bâton de feu, se dit-elle, attentive à la transformation de la bébête

Les histoires entendues lorsqu'elle était dragonnette lui reviennent en mémoire.
– Ne jamais laisser réfléchir un dragon. Son cœur est dans sa branche de corail, disait sa grand-mère.

Cirella cligne des yeux devant ce cœur qui grossit démesurément. Elle sent ses pulsations.

Il est rouge corail, comme le disait tante Glaudine, celle qui avait ravagé tant de cœurs de dragons, qu'elle en marchait depuis les pattes écartées, la bonbonnière éclatée en étoile de mer géante.

Elle sent sa petite étoile frissonner de désir. Elle n'y tient plus. D'une langue chaude et agile, elle enserre le corail turgescent et le lèche à petits coups.

Gudule lâche un griffonnant gémissement sous la caresse qui lui résonne tout du long de l'arête dorsale.

Enhardie, la dragonne attrape de son mufle meurtri le béligou pour une bouffarde[4] divine.

Gudule passe par toutes les couleurs, c'est chaud, c'est doux et mouillé, et cette langue qui s'enroule et irradie de toutes ses papilles. Il en fume des naseaux et se flambe les moustaches.

---

[4] Fellation, voir DSK…

La demoiselle, toute à son affaire, a oublié toute méfiance. La douleur de la chute est effacée, ses ailes vibrent de désir.

Le grand dragon s'est penché sur elle, l'enserrant de ses griffes. Son souffle court sur son dos.

D'un geste puissant, il lui lève l'arrière-train et lui chauffe le coquillage. Il la sent, la renifle, lui glougloute avidement la lanterne et le grain de café[5].

La position n'est pas des plus confortables pour Cirella, mais la dragonne est souple comme une jeune fille.

Arc-boutée au sol, elle se laisse défriser la poupougnette en astiquant la robinetterie avec une ardeur de jeune vierge. Elle prend un malin plaisir à rouler du michon[6] comme l'aurait fait une dragonne mûre, pour attiser la fougue de son amant.

Elle a un amant ! Cette idée neuve la fait frétiller de plus belle.

---

[5] Sexe féminin et clitoris
[6] La poupougnette est le sexe féminin, le michon est l'arrière-train

– Ne jamais oublier de lui lécher les bougnes ! La Glaudine savait tout.

Un éclair d'inquiétude lui traverse l'esprit. Va-t-il lui éclater son étoile à elle aussi ? Sa langue attrape les prunes violettes gonflées de, de quoi ? se demande-t-elle avant d'oublier.

Gudule disparaît dans la gueule de Cirella, ses appendices avalés dans une inondation chaude et sirupeuse. Les langues claquent, fouissent, roulent dans une débauche de désir.

Prestement, la dragonne est retournée. Les mufles humides se cherchent et échangent leur souffle fumant. Les yeux se croisent, vert d'eau, flottant dans une autre dimension.

Fermement, Gudule appuie sa belle contre la paroi rocheuse. Elle est là, offerte, avec sa petite étoile de mer qui bat au rythme de son cœur, tremblante d'être prise.

– Je vais t'ouvrir l'écaille, roucoule le grand dragon frémissant.

Il se sent comme un gamin, devant cette jeunette qui lui tourne les sens. Il en a eu des dragonnes, lors de ses pérégrinations, mais jamais encore il n'avait ressenti ce trouble qui le rendait doux comme un agneau. Et quel cadeau, tomber ainsi juste devant son antre, une vierge qui ne s'était encore jamais ouvrir l'étoile.

D'une langue fougueuse, il s'insinue au chaud de son ventre, frottant son mufle sur son grain de café, avant de se dresser, majestueux, la branche de corail en avant. Doucement, il lui fourbit le frifri[7], délicatement, pour ne pas la brusquer. Mais un dragon reste un dragon, et son béligou en rut ne résiste pas plus longtemps à la tentation.

Dans un long hurlement, ils s'unissent, étoiles filantes au firmament, crachant le feu jusqu'aux cieux.

Cirella sent son ventre s'ouvrir sous la poussée brûlante. Elle rugit sous la blessure cuisante, mais la chaleur qui l'envahit apaise le feu.

---

[7] Sexe féminin

Elle se sent emplie de ce dragon, pleine d'amour elle griffe ce jardinier en son jardin, enfin, elle est dragonne comme sa mère, sa grand-mère et ses tantes.

Elle comprit de quoi étaient remplies les bougnes si rondes et si grosses lorsque le flot l'inonda sans tarir, ensemençant son ventre d'une portée de dragonnets.

Posons un voile pudique sur la fornication qui s'ensuivit. Ces instants brûlants laisseront leur empreinte au flanc de la Montagne sans nom.

C'est ainsi que depuis, elle se nomme la Montagne langue de feu, en souvenir des amours de Cirella et de Gudule qui laisseront trace à son flanc plus de deux mille ans.

Cirella ne continua pas sa route. Une fois l'antre aménagé, les abords plantés de verdure, la montagne se remit à sourire aux dragons de passage. Et les dragons essaimèrent par delà la montagne, peuplant le ciel de myriades d'étoiles de feu, témoins brillants de leurs amours brûlants.

4 mars 2012

Table des Matières

Les écritures de la Zibelyne

http://www.lesnouveauxpauvres.jimdo.com

Parus :

INSOLITUDE. *Recueil de poèmes libres. Books on Demand. juillet 2011*

2112 La vengeance du cochon d'Inde. *Un roman d'actufiction. Books on Demand août 2012*

Les contes de Pet Rot. *Agenda d'humour caustique, pour le rire. Books on Demand décembre 2012*

Le complexe du K. *Recueil de poèmes, pamphlets et prose. Books on Demand janvier 2013*

À paraître :

_____

Le Chausson meurtrier et autres contes. *Recueil de contes pour petits et grands. En cours d'illustration.*

Monsougris et les sorcières de Saint-Georges. *Sortie prévue pour le deuxième trimestre 2013. Un conte fantastique. Les chats aux yeux diamant vous feront frémir. De Luynes à Saint-Georges-sur-Cher, en passant par le donjon du Foulque Noir à Montbazon, frrt, pschhttt…ils sont là !*

Beeman. La Grabugie. *En cours d'écriture. Un anti héros en dégoûtoir (à vaisselle).*